This Journal Belongs To:

_____

_____

_____

3 Things I Am grateful for:

3 Things I Am grateful for:

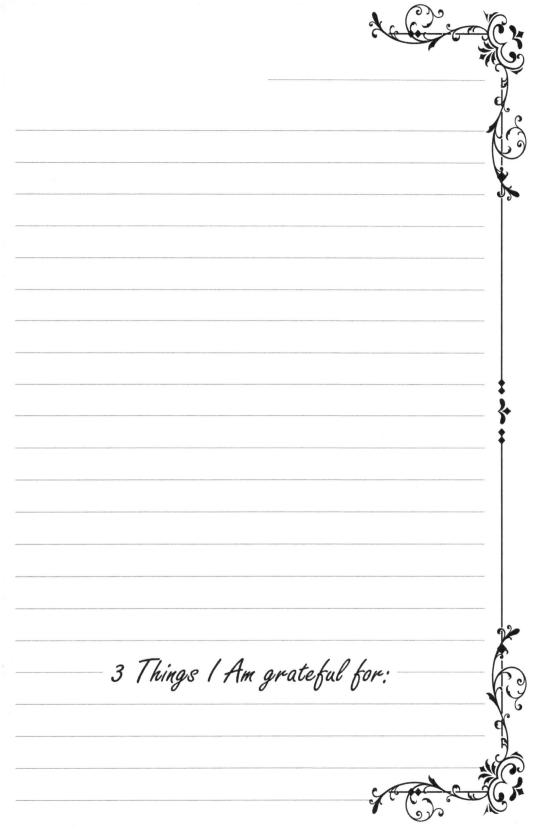

3 Things I Am grateful for:

3 Things I Am grateful for:

3 Things I Am grateful for:

3 Things I Am grateful for:

3 Things I Am grateful for:

3 Things I Am grateful for:

3 Things I Am grateful for:

3 Things I Am grateful for:

3 Things I Am grateful for:

3 Things I Am grateful for:

3 Things I Am grateful for:

3 Things I Am grateful for:

3 Things I Am grateful for:

3 Things I Am grateful for:

3 Things I Am grateful for:

3 Things I Am grateful for:

3 Things I Am grateful for:

3 Things I Am grateful for:

3 Things I Am grateful for:

3 Things I Am grateful for:

3 Things I Am grateful for:

3 Things I Am grateful for:

3 Things I Am grateful for:

3 Things I Am grateful for:

3 Things I Am grateful for:

3 Things I Am grateful for:

3 Things I Am grateful for:

3 Things I Am grateful for:

3 Things I Am grateful for:

3 Things I Am grateful for:

3 Things I Am grateful for:

3 Things I Am grateful for:

3 Things I Am grateful for:

3 Things I Am grateful for:

3 Things I Am grateful for:

3 Things I Am grateful for:

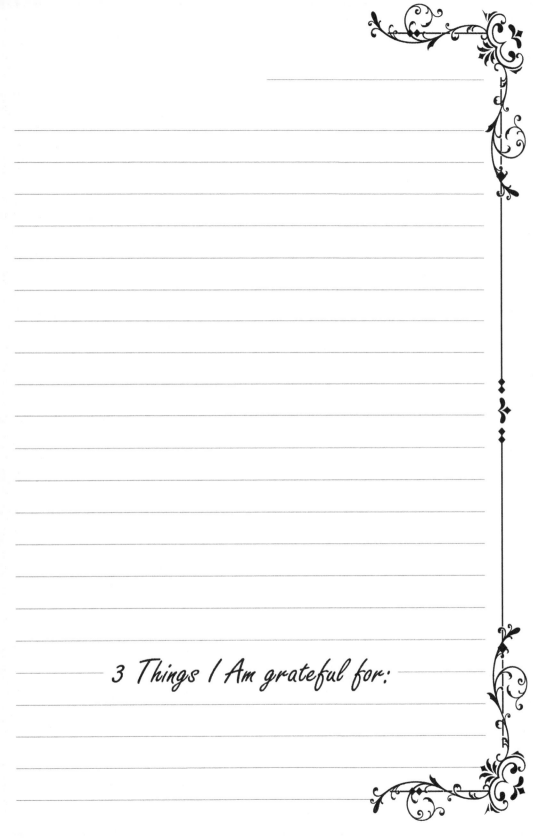

3 Things I Am grateful for:

3 Things I Am grateful for:

3 Things I Am grateful for:

3 Things I Am grateful for:

3 Things I Am grateful for:

3 Things I Am grateful for:

3 Things I Am grateful for:

3 Things I Am grateful for:

3 Things I Am grateful for:

3 Things I Am grateful for:

3 Things I Am grateful for:

3 Things I Am grateful for:

3 Things I Am grateful for:

3 Things I Am grateful for:

3 Things I Am grateful for:

3 Things I Am grateful for:

3 Things I Am grateful for:

3 Things I Am grateful for:

3 Things I Am grateful for:

3 Things I Am grateful for:

3 Things I Am grateful for:

3 Things I Am grateful for:

3 Things I Am grateful for:

3 Things I Am grateful for:

3 Things I Am grateful for:

3 Things I Am grateful for:

3 Things I Am grateful for:

3 Things I Am grateful for:

3 Things I Am grateful for:

3 Things I Am grateful for:

3 Things I Am grateful for:

3 Things I Am grateful for:

3 Things I Am grateful for:

3 Things I Am grateful for:

3 Things I Am grateful for:

3 Things I Am grateful for:

3 Things I Am grateful for:

3 Things I Am grateful for:

3 Things I Am grateful for:

3 Things I Am grateful for:

3 Things I Am grateful for:

3 Things I Am grateful for:

3 Things I Am grateful for:

3 Things I Am grateful for:

3 Things I Am grateful for:

3 Things I Am grateful for:

3 Things I Am grateful for:

3 Things I Am grateful for:

3 Things I Am grateful for:

3 Things I Am grateful for:

3 Things I Am grateful for:

3 Things I Am grateful for:

3 Things I Am grateful for:

3 Things I Am grateful for:

3 Things I Am grateful for:

3 Things I Am grateful for:

3 Things I Am grateful for:

3 Things I Am grateful for:

3 Things I Am grateful for:

3 Things I Am grateful for:

3 Things I Am grateful for:

3 Things I Am grateful for:

3 Things I Am grateful for:

3 Things I Am grateful for:

3 Things I Am grateful for:

3 Things I Am grateful for:

3 Things I Am grateful for:

3 Things I Am grateful for:

3 Things I Am grateful for:

3 Things I Am grateful for:

3 Things I Am grateful for:

3 Things I Am grateful for:

3 Things I Am grateful for:

3 Things I Am grateful for:

3 Things I Am grateful for:

3 Things I Am grateful for:

3 Things I Am grateful for:

3 Things I Am grateful for:

3 Things I Am grateful for:

3 Things I Am grateful for:

3 Things I Am grateful for:

3 Things I Am grateful for:

Reflections

What I have learned since beginning this journal:

Made in the USA
Monee, IL
29 October 2020